AF248341

# LA
# LÉGION D'HONNEUR

## ET

# LA COMMUNE

# DOCUMENTS

## SUR LA GUERRE DE 1870-71

### ET SUR LA COMMUNE

*Publiés par Georges D'HEYLLI.*

JULES FAVRE ET M. DE BISMARCK (*Entrevue de Ferrières*).    1 vol.

M. THIERS A VERSAILLES (*l'Armistice*).    1 vol.

TÉLÉGRAMMES MILITAIRES DE M. LÉON GAMBETTA.    1 vol.

JOURNAL D'UN HABITANT DE NEUILLY.    1 vol.

VICTOR HUGO ET LA COMMUNE.    1 vol.

LES FONCTIONNAIRES OFFICIELS DE LA COMMUNE.    1 vol.

LA LÉGION D'HONNEUR ET LA COMMUNE.    1 vol.

JOURNAL DU SIÉGE DE PARIS (*en cours de publication par livraisons in-8*).

LE MONITEUR PRUSSIEN DE VERSAILLES (*en cours de publication par livraisons in-8*).

9212. — Paris, Imp. JOUAUST, rue St-Honoré, 338

Grande Chancellerie

de la Légion d'honneur

après l'Incendie.

GEORGES D'HEYLLI

# LA

# LÉGION D'HONNEUR

## ET

# LA COMMUNE

RAPPORTS ET DÉPOSITIONS AUTHENTIQUES

*Concernant le séjour du général Eudes et de son État-major
à la grande chancellerie*

PARIS

## E. DENTU, ÉDITEUR

LIBRAIRE DE LA SOCIÉTÉ DES GENS DE LETTRES

PALAIS-ROYAL, 17, ET 19, GALERIE D'ORLÉANS

1871

AUX MEMBRES

DE

# LA LÉGION D'HONNEUR

# AUX MEMBRES

DE

# LA LÉGION D'HONNEUR

La note suivante a été insérée au *Journal officiel* :

Versailles, le 7 juin 1871.

« Le palais du prince de Salm, acheté le 1er floréal an XII par la Légion d'honneur, représentée par M. le comte de Lacépède, son premier grand chancelier, a été incendié, ainsi que ses dépendances, le 23 mai 1871, par les mains criminelles qui ont détruit plusieurs de nos monuments publics.

« Une somme, qui ne doit pas dépasser un million, a été reconnue nécessaire pour reconstruire sur les mêmes plans ce gracieux palais, admiré des artistes, seul spécimen du genre à Paris, et dans lequel, depuis bientôt un siècle, toutes nos gloires nationales étaient représentées.

« En présence des désastres qui affligent notre malheureux pays, il n'est pas possible de demander un crédit de pareille somme au budget ; mais les soixante-cinq mille membres de cette grande famille qui s'appelle la Légion d'honneur ne voudront pas laisser périr le berceau de leur institution. Au moyen d'une souscription volontaire, dont le grand chancelier n'hésite pas à prendre l'initiative, ils arriveront facilement, sans imposer aucune charge à l'Etat, à relever cette maison qui est la leur, qui est celle de leurs enfants.

« La presse tout entière s'associera à cette œuvre réparatrice, en lui fournissant les moyens de publicité les plus étendus. Les caisses publiques seront ouvertes à tous les souscripteurs. A Paris, la caisse des dépôts et consignations ; dans les départements, les caisses des trésoriers-payeurs généraux, des receveurs particuliers, des percepteurs ; les bons sur la poste adressés à la grande chancellerie, des retenues facultatives consenties au moment où se touchent les traitements, des délégations volontaires, seront autant de moyens de faire parvenir rapidement les offrandes à leur destination.

« Les noms des souscripteurs, publiés dans le *Journal officiel*, seront inscrits en outre sur un Livre d'or qui formera le premier et le plus précieux élément des nouvelles matricules de la Légion d'honneur, et bientôt, sur le fronton de ce palais, rendu aux légionnaires et aux arts, grâce au concours de tous, nous verrons renaître notre immortelle devise qui garantit le succès de la souscription :

« HONNEUR ET PATRIE. »

———

Les souscriptions seront reçues à Paris : à la Caisse des dépôts et consignations ; — au Crédit foncier de France ; — et dans les départements : chez MM. les trésoriers-payeurs généraux, — les receveurs particuliers, — les percepteurs (1). »

Cette note constate la destruction du palais

———

(1) Les souscriptions sont également reçues à la place Vendôme, n° 22, où est installée provisoirement la grande chancellerie.

On peut encore envoyer sa souscription sous forme de billet

occupé par le grand chancelier et situé sur le quai d'Orsay, entre la rue Bellechasse et la rue de Solférino ; mais elle ne mentionne pas la perte considérable faite par l'administration même de la Légion d'honneur, qui a vu périr dans l'incendie allumé par les mains odieuses des iconoclastes de la Commune tous les documents qui constituaient son histoire.

Depuis la date de sa fondation par le premier consul Bonaparte, le 19 mai 1802, la Légion d'honneur avait vu passer bien des gouvernements : les régimes les plus différents s'étaient succédé, et les secousses politiques les plus violentes avaient eu lieu sans que son existence et sa prospérité en eussent jamais souffert une sérieuse atteinte. Les Bourbons en montant sur le trône, en 1814, s'étaient bornés à remplacer sur le médaillon de la croix l'effigie de Napoléon, son fonda-

de banque ou de mandat sur la poste ; on souscrit aussi rue de Lille, 64.

Nous publierons ultérieurement une brochure donnant le nom de tous les souscripteurs, avec le chiffre des sommes versées.

teur, par l'image d'Henri IV, qui avait reçu, lui aussi, comme le premier Empereur, le glorieux surnom de grand. Louis-Philippe aux fleurs de lis qui décoraient, sous la Restauration, le revers du médaillon, substitua le drapeau tricolore, et Napoléon III, en prenant le pouvoir, rendit à la croix la figure impériale du fondateur de sa dynastie. La République du 4 septembre crut devoir enlever de nouveau l'image du premier Napoléon, qu'elle remplaça, sur le médaillon, par une tête de femme, aux cheveux tressés, qui dut tant bien que mal représenter la République. Mais aucun de ces pouvoirs ne songea à détruire l'ordre, et encore moins le noble et glorieux principe que représentait son institution. La Commune elle-même, cette grotesque et sanglante Commune, respecta la Légion d'honneur, et soit oubli, indifférence ou tout autre motif, elle ne prit aucune décision à son égard, et, même aux plus beaux jours de sa fiévreuse ardeur de bouleversement et de destruction, elle laissa porter librement aux membres de l'ordre leurs rubans et même leurs insignes.

L'institution elle-même a donc survécu. Le gouvernement de la défense nationale, qui, dans les premiers jours de son arrivée au pouvoir, sentit le besoin de se ménager la faveur et l'appui de tous les partis, crut faire grand plaisir aux républicains exaltés en décrétant que la Légion d'honneur ne serait plus désormais qu'un ordre purement militaire (1). C'est là un décret condamné dès le premier jour par l'opinion publique, bien que ses effets subsistent encore à l'heure où nous écrivons ces lignes, et dont la stricte observation a déjà donné lieu à bien des dif-

(1) Le gouvernement de la défense nationale, etc.,

Décrète :

A l'avenir, la décoration de la Légion d'honneur sera exclusivement réservée à la récompense des services militaires et des actes de bravoure et de dévouèment accomplis en présence de l'ennemi.

Paris, le 28 octobre 1870.

*(Suivent les signatures.)*

ficultés. Le gouvernement de la défense nationale se chargea bien vite d'ailleurs de montrer lui même les nombreux inconvénients que présentait l'application de la mesure prise, en décorant, au titre militaire, des individus qui n'occupaient que des fonctions civiles, et en donnant ainsi, par les termes mêmes de son décret, le traitement de la Légion d'honneur à beaucoup de personnages que les événements avaient appelés, souvent pour un seul jour, à la défense de la patrie, et qui le lendemain rentraient pour jamais dans le repos de leur existence ordinaire. Il appartient au gouvernement actuel, à M. Thiers, d'abroger ce décret intempestif, et de rendre à la décoration de la Légion d'honneur son ancien caractère de récompense unique, universelle et nationale.

L'incendie de la grande chancellerie a détruit tous les documents relatifs à la Légion d'honneur. La rapide énumération que j'en vais donner fera suffisamment comprendre leur importance, ainsi que la grandeur de la perte qui en résulte pour les services publics et pour l'administration.

La grande chancellerie se composait :

1° D'un bureau du secrétariat général ;

2° D'une division administrative ;

3° D'une division de comptabilité ;

4° D'un bureau qui s'occupait spécialement des anciens militaires et de la distribution des fonds qui leur avaient été attribués, par des décrets impériaux, à titre de subventions supplémentaires. 

Au secrétariat général étaient centralisés :

1° La collection de tous les décrets originaux de nomination dans la Légion d'honneur et dans la médaille militaire, rendus sur la proposition du grand chancelier, et de tous les décrets autorisant le port, en France et par des Français, des divers ordres étrangers ;

2° Tous les décrets originaux d'admission

des filles de légionnaires dans les maisons d'éducation de la Légion d'honneur (Saint-Denis, Écouen, les Loges) ;

3º Tous les décrets originaux concernant la discipline de l'ordre, c'est-à-dire les individus exclus, pour indignité et pour un temps plus ou moins long, des droits attachés au titre de légionnaire et de décoré d'ordres étrangers, de la médaille militaire et des médailles commémoratives ;

4º Tous les dossiers des aspirants à la décoration de la Légion d'honneur, dossiers comprenant, outre les pétitions avec lettres particulières ou apostilles à l'appui, des pièces authentiques en nombre considérable.

La première division, ou division administrative, comportait :

Le bureau de la Légion d'honneur, qui avait en dépôt les documents suivants :

1º La copie, certifiée par les ministres sur la proposition desquels ils avaient été rendus, de tous les décrets nommant dans la Légion d'honneur depuis la création de l'ordre : ces décrets, rigoureusement classés à leur date, étaient séparés par année; ils remplissaient plus de cent cinquante cartons;

2º Les registres matricules de l'ordre, volumes grand in-folio, déjà au nombre de cinquante-deux, et sur lesquels étaient inscrits, depuis la création de la Légion d'honneur, et dans l'ordre de leur nomination, tous les légionnaires nommés : ces registres portaient en outre la qualité du légionnaire, et, avec ses nom et prénoms, ses lieu et date de naissance, et ensuite de décès; ils mentionnaient également les grades successifs obtenus dans l'ordre par chaque titulaire;

3º Les dossiers des membres de l'ordre, renfermant, avec les pièces relatives à leur réception (1), les copies certifiées de leur état civil et de leurs états de services ;

4° Toutes les listes, certifiées par les chefs de corps ou par les ministres de la guerre et de la marine, et comprenant les titulaires des diverses médailles commémoratives des guerres de Crimée, de Chine, d'Italie et du Mexique ;

5° Les listes, par département, de tous les titulaires de la médaille de Sainte-Hélène ;

6° Le classement, par ordre alphabétique, de fiches portant les noms, prénoms et grades ou fonctions de tous les légionnaires français et étrangers morts et vivants.

On trouvait encore dans ce même bureau :

(1) Tout légionnaire devait, pour être régulièrement et définitivement admis dans l'ordre, recevoir l'investiture d'un autre membre de la Légion d'honneur, d'un grade au moins égal à celui qui venait de lui être conféré. Il était alors dressé, pour être conservé au dossier du nouveau légionnaire, un procès-verbal qui constituait, avec le récépissé de la décoration, ce qu'on appelait « les pièces de réception ».

1º La section de la médaille militaire, comprenant pour ses services un matériel identique à celui de la Légion d'honneur comme décrets, dossiers, matricules, fiches classées, etc.;

2º La section des ordres étrangers, où étaient réunis les registres matricules et les dossiers et les fiches, classés par ordre alphabétique, de tous les titulaires autorisés à porter des décorations étrangères.

Le 2ᵉ bureau de la division administrative s'occupait spécialement des maisons d'éducation de la Légion d'honneur.

Dans ce bureau étaient centralisés tous les dossiers, fiches classées, demandes en instance, demandes de secours et pétitions diverses, en un mot tous les documents relatifs aux élèves, passées et présentes, des trois maisons d'éducation de Saint-Denis, d'Écouen et des Loges. Ce même bureau avait en outre dans ses attributions le travail et les pièces concernant les dépenses diverses de la comptabilité générale des maisons d'éducation.

La 2ᵉ division, ou division des fonds et de la comptabilité, comprenait tous les services relatifs à l'ordonnancement des traitements de la Légion d'honneur et de la médaille militaire (1).

C'était, en raison de l'importance et de la minutieuse étendue de son travail, la division qui avait le plus d'employés. Ses opérations comprenaient :

1° Le payement d'un peu plus de 30,000 légionnaires de tout grade (2);

(1) Le payement s'effectuait à Paris, à la caisse des dépôts et consignations, et en province chez les receveurs des finances de l'État, sur la présentation d'un titre permanent délivré par la grande chancellerie.

(2)  Le grand-croix reçoit. . . . . . . . 3,000 fr.
     Le grand officier . . . . . . . . . 2,000
     Le commandeur. . . . . . . . . . 1,000
     L'officier . . . . . . . . . . . . 500
     Le chevalier. . . . . . . . . . . 250
     Les décorés de la médaille militaire
         ont une pension de . . . . . . . 100

2° Le payement de près de 45,000 décorés de la médaille militaire (1);

3° Le payement des secours accordés aux anciens militaires sous le titre de subventions supplémentaires (2).

Dans cette division se trouvait également le bureau des décès des membres de l'ordre.

C'est donc cette quantité énorme de documents tenus au courant, au jour le jour, depuis bientôt soixante-dix années, qu'il s'agit de reconstituer, en même temps qu'il faut songer à réédifier le palais même qui fut en quelque sorte comme le berceau de la Légion d'honneur.

Cette double tâche est considérable. La reconstitution des documents à l'état complet est même absolument impossible : les pièces

(1) Voir aux Appendices.

(2) Le payement de ces subventions avait lieu à Paris, à la caisse des dépôts et consignations, et en province chez les receveurs des finances de l'État, sur la présentation d'un mandat délivré par la grande chancellerie et renouvelable chaque année.

et décrets originaux sont à jamais détruits; beaucoup pourront être rétablis par la copie qui en sera faite sur les journaux officiels, mais ils n'offriront naturellement plus, au point de vue de leur authenticité comme de leur intérêt historique, qu'une importance singulièrement amoindrie.

Quant au palais lui-même, il sera plus facile de lui rendre sa physionomie première. Ce joli palais n'était point très-ancien : construit en 1786, pour un prince de la maison de Salm, il avait survécu à la révolution, et, toujours affecté depuis 1802 à la résidence du grand chancelier de la Légion d'honneur et à l'installation des bureaux de son administration, il avait été l'objet des soins les plus constants et les plus intelligents. On l'avait souvent réparé, regratté, remis à neuf, à ce point que bien des visiteurs le croyaient de plus récente origine. Ce n'était point une grande demeure, mais c'était bien, en revanche, l'habitation la plus somptueuse et la plus confortable de Paris. Les pièces étaient grandes, élevées, très-aérées, ornées avec beaucoup de goût et sans luxe de mauvais aloi. Il y avait plusieurs salons, une belle galerie de réception, une grande salle en forme de rotonde et partout entourée de glaces, une salle à manger magnifique, une salle de concert, etc. Autour du palais s'étendaient de fort beaux jardins, qui avaient été assez notablement augmentés lors de l'ouverture de la rue de Solferino.

Je n'ai point à faire ici l'histoire de l'ordre illustre dont ce palais conservait toutes les archives, témoins glorieux de son histoire, hélas! détruits aujourd'hui!... Depuis soixante-dix ans ses destinées avaient été remises aux mains des hommes les plus célèbres de leur époque : Lacépède, Macdonald, Mortier, Exelmans, Oudinot, les ducs de Plaisance et de Malakoff, l'amiral Hamelin, le maréchal d'Ornano, etc... Et la Légion d'honneur était demeurée en France la seule décoration récompensant, sans distinction, tous les genres de mérite. Elle était enviée de tous; elle avait toujours semblé la plus noble et la plus glorieuse marque de distinction qui pût consacrer aux yeux de tout le monde le mérite personnel, la science, le courage, et en somme elle n'avait jamais été sérieusement décriée et dédaignée que par ceux que leur nullité mettait dans l'impuissance d'y prétendre.

C'est au nom de ces souvenirs, toujours si vivants, que la Légion d'honneur fait un appel à tous ceux qui portent ses insignes. Riche et pauvre, chacun parmi eux voudra contribuer, dans la mesure de ses moyens, à la reconstruction de ce palais charmant qui était, comme l'a si justement dit la note que nous avons ci-dessus reproduite, « leur propre maison et celle de leurs enfants ».

Le Livre d'or où seront inscrits les noms des souscripteurs conservera à jamais, dans le palais et l'administration par eux reconstruits, la mémoire de ces généreux donateurs qui auront considéré comme un impérieux devoir de relever, de leurs propres mains, le berceau, aujourd'hui ·renversé, d'une institution qui les a admis dans son sein, et qui a toujours, en leur nom, conservé intactes les glorieuses traditions « de la Patrie et de l'honneur ».

15 juin 1871.

GEORGES D'HEYLLI.

# LE GÉNÉRAL EUDES

## ET SON ÉTAT-MAJOR

## *A LA GRANDE CHANCELLERIE*

# LE GÉNÉRAL EUDES

## ET SON ÉTAT-MAJOR

## *A LA GRANDE CHANCELLERIE*

———

## I

Les bureaux de la grande chancellerie étaient installés, récemment encore, dans des bâtiments attenant au palais même du quai d'Orsay et formant deux pavillons à gauche et à droite de la grande grille d'entrée, au n° 64 de la rue de Lille. L'insuffisance de cet emplacement et l'importance toujours croissante de l'administration avaient nécessité la construction, en 1869, d'un bâtiment nouveau ayant façade sur la rue de Solferino, qui venait d'être ouverte dans l'axe de la porte des Tuileries donnant sur la rue de Castiglione. Les bureaux avaient pris possession de ce nouveau local au mois de mai 1870. A cette occasion, tout le matériel avait été renouvelé dans les meilleures conditions de solidité et de confortable.

Pendant le siége de Paris, au moment du bombardement, par les Prussiens, des quartiers du sud, la grande chancellerie fut sérieusement menacée. Quelques obus vinrent tomber à trois ou quatre cents mètres tout au plus du palais, dans la cour du ministère de l'agriculture et du commerce.

L'administration avait pris à l'avance toutes ses précautions, qui, heureusement, demeurèrent inutiles. Et le péril était là particulièrement inquiétant : les dames et les jeunes filles, élèves de la Légion d'honneur à Saint-Denis, que n'avaient pu retirer leurs parents, avaient, dès le commencement du siége, trouvé asile dans les appartements mêmes du palais rendus vacants, le 2 septembre, par la mort du comte de Flahaut, grand chancelier. La bibliothèque de la maison, les lits, l'argenterie, une grande partie du mobilier, etc., avaient été, en même temps, transportés à l'administration centrale.

Toutes les prévisions funestes qui pouvaient naître de la nature même et de la gravité de la situation ayant été écartées par les événements, l'administration retrouva, après l'armistice, ses employés, momentanément éloignés par le dur et constant service de la garde nationale, et les travaux arriérés et chaque jour accumulés purent être régulièrement repris.

La révolution insensée et incompréhensible du 18 mars survint. Le secrétaire général faisant fonctions de grand chancelier, après en avoir référé à Versailles, licencia provisoirement, trois jours après, tous les employés de l'administration. Une délégation composée de sept d'entre eux, et présidée par le secrétaire général, se rendit à Versailles, où elle installa ses services au palais, dans la salle de 1830. Enfin un nouveau grand chancelier, M. le général Vinoy, fut nommé en remplacement du comte de Flahaut, décédé.

Cependant le palais du quai d'Orsay et les bâtiments récemment construits avaient dû être abandonnés à la seule garde de deux concierges. Les appartements particuliers sont fort beaux, leur ornementation ancienne, très-habilement restaurée, a une valeur artistique ; dans le bâtiment nouveau, le cabinet et le salon du secrétaire général, et surtout la salle du grand conseil de l'ordre, ont été richement décorés et meublés. Pendant quelques jours l'administration échappa, pour ainsi dire, à l'attention du gouvernement grotesque de l'hôtel de ville ; mais il arriva qu'un sieur Eudes, ancien étudiant en médecine et connu surtout par l'assassinat commis par lui, le 14 août 1870, sur un pompier de garde à la Villette, fut nommé subitement général par la Commune, puis inspecteur de la ligne des forts du sud. Ce grand guerrier dut chercher un emplacement pour y établir son quartier général, et il ne trouva rien de mieux, comme proximité soit de son commandement, soit du ministère de la guerre, que le joli et confortable hôtel du grand chancelier.

Il s'y installa pompeusement avec toute son escorte, composée, des éléments les plus cosmopolites, puisqu'on trouve, dans l'état-major de ce général de barricades, de prétendus officiers d'état-major et d'ordonnance et autres, venus de Pologne, d'Italie, d'Angleterre et même de Hongrie.

Le soi-disant général Eudes occupant le palais, toute sa suite alla loger dans les bureaux mêmes de l'administration. Les portes fermées furent enfoncées à coups de crosse par ces aimables messieurs ; les serrures des tables et armoires furent forcées, et leur contenu visité et généralement emporté. La correspondance particulière des employés servit d'aliment à la curiosité oisive des officiers de M. Eudes, qui ne se gênèrent pas non plus pour faire main basse sur les objets laissés dans les tiroirs et dans les vestiaires, où ils saisirent, à leur profit, toute la garde-robe des employés, des livres, des gravures, des cartes géographiques et divers autres objets, et même des bijoux laissés, comme d'habitude, en toute confiance, par leurs infortunés propriétaires. Le désordre fut mis ensuite par eux dans le travail même des bureaux, dont les archives, cartons, fiches classées et documents de toutes sortes, furent successivement examinés et dispersés. Certains dossiers concernant plusieurs individus alliés de près ou de loin à la Commune, et rejetés ou poursuivis disciplinairement par la grande chancellerie, à l'occasion de demandes d'autorisation d'ordres étrangers ou du port illégal de la Légion d'honneur, furent naturellement l'objet d'une investigation toute particulière.

M. Eudes s'était logé au palais, et couchait dans le lit et dans les draps du grand chancelier, dont les beaux appartements ne furent pas plus épargnés que les bureaux; des tableaux et quelques portraits furent enlevés ou déchirés comme représentant des sujets ou des personnages historiques ou officiels des régimes passés; les meubles magnifiques, les fauteuils et les tentures de soie et de satin furent indignement souillés ; tous les objets appartenant à la maison de Saint-Denis furent surtout « triés » avec le soin le soin le plus scrupuleux. L'argenterie, très-considérable, du palais et des trois maisons d'éducation de la Légion d'honneur, avait été, au lendemain du 18 mars, cachée sous les marches d'un escalier de pierre, où elle fut prise, ainsi qu'on le verra plus loin, sur la dénonciation d'un homme de service, et portée triomphalement à la Monnaie par les gens de M. Eudes, à l'effet d'être transformée en espèces destinées à payer aux soldats de la Commune l'horrible besogne qu'on leur faisait faire. Cette argenterie représentait une valeur d'environ 50,000 fr.

Et pendant qu'à l'intérieur du palais et des bureaux ces vols s'accomplissaient, un bataillon de la garde nationale de Montmartre montait la garde aux alentours, en témoignage du bon ordre qui doit régner dans la capitale et de la sécurité publique, que son institution première l'oblige à maintenir (1).

(1) J'ai publié ces lignes, sous forme de lettre, dans le journal *le Salut public*, de Lyon, du 3 mai 1871.

## II

*Liste de l'état-major du général Eudes,
à la grande chancellerie (1).*

Général Eudes, sa femme et sa petite-fille.
Avaient un appartement boulevard Richard-Lenoir,
et demeuraient d'abord rue de Charonne.

Colonel Collet, ancien marchand de légumes
aux halles; sa femme et ses deux fils. Résidaient
aussi boulevard Richard-Lenoir.
Il était juge à la cour martiale.

Colonel Gay, premier président à la cour martiale. Sa femme était blanchisseuse à Charonne.

Commandant Bouilli, chef du personnel du
général Eudes, et sa femme.

Commandant Goulet, chef du campement, et
son frère, lieutenant.

Commandant Mascot, ancien cent-garde, an-

(1) Tous les renseignements qui suivent sont pris, par nous,
sur des documents dont nous garantissons l'authenticité.

cien capitaine du 9ᵉ bataillon des mobiles de la Seine ; architecte.

Commandant CARRIA et son frère, lieutenant.

Commandant GUILLOT, médecin, et son frère, lieutenant.

Commandant PÉLICOT, des enfants perdus. Ancien chasseur d'Afrique.

Capitaine HUGO, décoré de la médaille militaire et de celle de sauvetage. Résidait rue de Charonne.

Capitaine COEUILLE, élève de l'École de médecine. Son père habite Londres.

Capitaine MÉGY.

Lieutenant DOUCET, chef de barricades.

Lieutenant MARSAY, chargé des vivres. Son père était employé à la Manutention. Vingt-six ans, très-petit ; vilaines dents.

Lieutenant DELAIZE, chargé des perquisitions.

CARRIA père, chef du peloton d'exécution, qui était de vingt-cinq hommes.

LACAZE, du peloton d'exécution.

PRÉAU (Edmond), chef de la comptabilité, ayant fait « cinq ans de Toulon ». Reste avec sa femme aux Batignolles.

PITOIS, du peloton d'exécution.

JOANNIN, cuisiniér de l'état-major. Détenu politique à Toulon. Natif de Moulins (Allier), où il était facteur du chemin de fer.

DESJARDINS, chargé du personnel de la cuisine; ancien garçon teinturier rue de la Madeleine, au coin de la rue Chauveau-Lagarde. Ancien détenu politique ayant fait six ans de prison.

WEBER, cocher du général. Artilleur pendant le siége.

SAINT-ESPRIT, chargé du personnel de l'écurie.

THOMAS, père et fils, du peloton d'exécution.

LEBLOND, id., id.

SALOMON, chef des garçons de bureau du colonel Gay.

## III

*Extraits textuels des dépositions des hommes de service.*

Femme EUDES, désignée comme ayant emporté plusieurs pendules. Ces pendules, confiées à son cocher, le nommé Duclos, brocanteur, demeurant à Plaisance, 36, rue de Constantine.

La plus grande partie du linge emportée par la femme Eudes. Sous le prétexte de faire laver le linge, on le faisait sortir, et il ne rentrait pas. Ce inge a été emporté en outre par des gardes nationaux du 138ᵉ bataillon, placés sous les ordres du général Eudes, dans trois voitures à bras. La femme Eudes, chaque fois qu'elle sortait en voiture, emportait des paquets. Dans les premiers jours d'avril, a emporté dans sa voiture trois malles et des paquets.

———

Le général EUDES, vingt-six ans, garçon pharmacien (1) ; sa femme, âgée de vingt-trois ans ; cheveux blond cendré ; a une petite fille de trois ans. M^me Eudes a sur le nez une raie rouge qui la rend très-facilement reconnaissable.

———

Le cocher WEBER, vingt et un ans ; ancien artilleur, devenu cocher du général. Présumé déserteur.

———

Le commandant GUILLOT commandait le fort d'Issy ; blessé au bras droit et à l'œil par une pièce qui a éclaté. Vingt-sept ans.

———

Le capitaine HUGO, vingt-cinq ans de services dans l'infanterie ; avait sa femme et un enfant d'un an. S'est fait remarquer par sa brutalité ; était souvent en état d'ivresse. Il habitait antérieurement

(1) Né à Roncey (Manche), ancien élève du lycée de Coutances, d'où il avait été chassé.

rue de Charenton; a emporté plusieurs paquets
dans lesquels étaient des livres et des bottes. Sa
femme a enlevé du linge. Blessé à la main droite.
et derrière la tête par une balle qui lui a emporté
les cheveux.

———

MASCOT, quarante ans; très-maigre, très-longues
moustaches; a été blessé à la jambe droite et au
genou. Marié, a un enfant.

———

DESJARDINS, quarante-cinq ans; se glorifiait
d'avoir été détenu politique; a emporté du linge.
Est parti le mardi 23 mai avec sa femme, à cinq
heures du soir, emportant deux grands paquets, et
au moment où on mettait le feu.

———

Général MAY, ami intime d'Eudes, vingt-sept ans
environ; toujours en bourgeois; voulait être ap-
pelé : *mon général*. Très-petit de taille, allures
extravagantes.

———

Capitaine MÉGY, a tout cassé et brisé ; tirait dans les glaces avec son revolver et a donné des ordres pour faire répandre le pétrole. Les hommes sous ses ordres, du 138e, ont fusillé le concierge de l'hôtel Chabrol, sur son commandement, le lundi 22 mai, mais sans la participation d'Eudes.

———

Lieutenant DOUCET, dix-neuf ans ; a dirigé la construction des barricades du quartier. Blond, figure marquée de taches de vin.

———

Les trois CARRIA. Le père, cinquante-deux ans, moustaches grises, très-maigre, petite taille ; chef du peloton d'exécution. Son fils, lieutenant ; son autre fils, commandant.

———

Le soi-disant colonel COLLET et sa femme. Le mari, juge à la cour martiale, était brocanteur de montres de Genève et légumier. Il demeurait jadis dans la maison de la femme Eudes. Il se vantait d'avoir fait fusiller deux gendarmes et un gardien de la paix, à Vaugirard, dans un couvent, près de la porte de Vanves. Il se glorifiait d'avoir fait mettre les deux gendarmes entièrement nus avant de les avoir fait fusiller. Les chevaux des deux gendarmes ont été amenés à la Légion d'honneur. Les gendarmes avaient été surpris en reconnaissance.

La femme Collet mangeait à la cuisine ; elle tenait le linge en l'absence de la femme Eudes. Elle avait deux petits garçons, de sept ans et de neuf ans et demi.

Collet, âgé de trente-deux ans, avait toute sa barbe, presque rouge, de grands yeux, des cheveux châtain-foncé. La femme Collet, au moins quarante ans, les cheveux blanchissant.

Le cocher Duclos, attaché à Collet, ancien marchand d'habits et galons, était grêlé. Le lundi 22 mai, à quatre heures du matin, il conduisit les femmes des colonels Gay et Collet et celles du commandant Goullet et de Desjardins chez ledit Gay, marchand de meubles.

La femme Collet avait une grande autorité dans la maison pour le service de l'écurie et des comestibles. Elle sortait le soir et le matin en voiture, sans qu'on pût vérifier si elle emportait, oui ou non, des objets mobiliers.

L'ordonnance de Collet a pris dans le cabinet du chef de la division administrative deux grandes médailles en argent à l'effigie de l'Empereur, et renfermées dans des écrins rouges.

L'argenterie a été emportée à la Monnaie pour être fondue ; les médailles de Sainte-Hélène également. Les croix et les médailles ont été prises par chacun d'eux. Ils les portaient en dérision (1). Un Polonais, Radowski, sous-lieutenant, a emporté deux paquets de linge et des livres chez le voisin, le marchand de vin Fleury, qui a été arrêté.

———

Ils avaient donné à leurs chevaux les noms des hommes qu'ils détestaient, et ils affectaient de les injurier violemment en prononçant ces noms. Ils

(1) La citoyenne Eudes portait parfois en sautoir le grand cordon de la Légion d'honneur. C'était une femme d'allures très-libres, qui n'était point mariée le moins du monde avec le soi-disant général dont elle portait le nom, et qui se complaisait beaucoup dans le rôle si inattendu que les événements lui permettaient de remplir. Le suisse du palais, Hamel, avait montré beaucoup de fermeté et de courage : « Vois-tu, mon bon, lui dit-elle un jour, du temps de Flahaut, tu étais obligé de dire « monsieur le comte » ; eh bien, avec moi, ne te gêne pas, tutoie-moi et dis comme tu voudras ! »

les avaient nommés Favre, Thiers, Trochu, Picard, etc. L'un d'eux avait même reçu le nom d'Hamel, concierge de la Légion] d'honneur, qui fit toujours une très-honorable résistance et fut même envoyé un jour, ainsi que sa femme, à la prison du Cherche-Midi. Tous deux cependant en sortirent le surlendemain.

Ils avaient mis au-dessus de la stalle de chaque cheval un grand carton blanc sur lequel était inscrit, avec le nom du cheval, le nom de celui qui le montait (1).

———

..... Ils ont cassé et brisé tous les tableaux, porcelaines et verreries, pris et emporté tout ce qui avait été caché, et surtout de l'argent. Dix-huit chevaux sont dans les écuries et remises; les deux voitures du grand chancelier sont dans la cour; ils vont les emmener, disant que tout cela est à eux. Ils ont demandé combien d'hommes du

(1) Nous avons eu sous les yeux un de ces cartons. C'est celui du cheval *Thiers*, de couleur grise, portant le no 14 et le nom du lieutenant Guillot.

palais étaient restés. « Sept, a-t-on répondu. — Eh bien, ont-ils dit, il y en a cinq à tuer. »

———

M. X..., père d'un employé, est venu réclamer une montre et des livres que son fils avait laissés dans son bureau. Il fut conduit au commandant Bouilli, qui était en train de compter des paires de chaussures pour ses hommes. Le commandant fut d'abord très-poli; mais, quand il sut de quoi il s'agissait, il devint furieux.

« Où est votre fils? dit-il à M. X...

— Auprès de sa famille, en Savoie.

— Ce n'est pas vrai; il est allé rejoindre les Versaillais. Eh bien! s'il veut sa montre et ses affaires, qu'il nous les fasse réclamer par M. Thiers, et il verra comme nous répondrons! »

———

Le feu a été mis au palais de la Légion d'honneur par des bataillons de Belleville et des enfants perdus, placés sous les ordres du général Eudes. Le commandant Pélicot avait sous ses ordres les enfants perdus. Il sortait des chasseurs d'Afrique et venait d'Algérie. Agé de vingt-six ans, très-brun. C'est lui qui commandait toutes les barricades du quartier de la Légion d'honneur et qui a donné tous les ordres pour répandre le pétrole et mettre le feu.

C'est le même Pélicot qui a fait dévaliser, par ordre du général Eudes, l'hôtel du maréchal de Mac-Mahon (1), et qui a fait apporter à la Légion d'honneur des objets appartenant au maréchal, qui depuis ont été brûlés.

Deux petits mortiers russes ont été portés à la mairie par la ligne, ainsi que des fusils.

Le même Pélicot a fait enlever, toujours par les ordres d'Eudes, les harnais des voitures du général marquis de Galiffet ; a dévalisé en outre le capitaine de chasseurs Brissot. Tous ces effets ont été brûlés dans l'incendie du palais (2).

(1) Rue Bellechasse.
(2) Voyez encore, au sujet de quelques-uns de ces personnages, notre brochure : *Les Fonctionnaires de la Commune.*

## IV

## VOL DE L'ARGENTERIE DE LA LÉGION D'HONNEUR.

### I

*Déclaration faite par le Conservateur du Mobilier.*

Le jeudi 20 avril 1871, un lieutenant et plusieurs gardes nationaux (dix-huit environ) se sont présentés à midi à la grande chancellerie munis de pelles et de pioches ; ils ont demandé le conservateur du mobilier, et j'ai dû les conduire dans les jardins, où ils ont fait des fouilles, dans le but, disaient-ils, de découvrir des armes. Ne trouvant rien, ils se sont retirés.

Le lendemain, dans la matinée, plusieurs officiers d'état-major et des gardes nationaux, trente environ, se sont présentés de nouveau à mon domicile, demandant à voir les appartements et les écuries, annonçant que le général Eudes venait établir son quartier général à la grande chancellerie et qu'ils avaient besoin de place pour trente chevaux. J'ai fait voir toutes les localités. Il m'a été dit après, par un des officiers, qui se nomme Bouilli, je crois, que la Légion d'honneur possédait de l'argenterie et du linge, et que je devais mettre le tout à leur disposition. J'ai répondu que le linge et l'argenterie étaient à Saint-Denis et à Versailles. Les officiers qui étaient présents au moment de l'interrogatoire m'ont conduit près du général Eudes, qui m'a reproduit les mêmes questions en me disant : « Un officier vient de vous interroger ; vous avez du linge et de l'argenterie ; si vous ne les livrez pas, et que les perquisitions auxquelles je vais faire procéder prouvent que vous avez fait une fausse déclaration, vous passerez devant un conseil de guerre et vous en subirez les conséquences. » Je suis rentré chez moi, où j'ai été gardé à vue par un factionnaire placé au bas de l'escalier et par plusieurs autres qui entouraient le palais. Le factionnaire n'ayant pas toujours été au bas de mon escalier, j'ai pu sortir, mais dans la cour seulement, toutes les issues étant fermées et gardées. Des officiers m'ont menacé de leurs pistolets si je ne déclarais pas les cachettes qui, disaient-ils, devaient exister. Déjà une semblable menace m'avait été faite par l'un d'eux, en présence du général Eudes. — Ce même jour, le général m'a fait demander de nouveau pour savoir si je maintenais ma première déclaration ; j'ai répondu affirmativement.

Il m'a répété comme la première fois : « Réfléchissez, je vais faire fouiller toute la maison ; si vous êtes pris en fausse déclaration, vous en subirez les conséquences. » Je me suis retiré, et, après avoir réfléchi, me trouvant dans l'impossibilité de m'évader, j'ai déclaré l'endroit où était cachée l'argenterie de Saint-Denis et du palais. Les fouilles ont été faites immédiatement devant moi par un officier du nom de Hugo, je crois, aidé par des gardes nationaux. L'argenterie a été transportée dans une des pièces du rez-de-chaussée du palais. On m'a dit, à plusieurs reprises, qu'il serait procédé à l'inventaire afin de dégager ma responsabilité. Le linge a été pris avec le plaqué dans un autre endroit. Une fois maître de l'argenterie et du linge, le lieutenant Bouilli m'a dit que, s'il y avait des cachettes particulières, je pouvais les lui faire connaître sans crainte, ajoutant que « le bien de l'État était le bien de la Commune », mais que l'on ne prenait rien aux particuliers. J'en ai profité pour faire observer que l'argenterie que la Commune venait de prendre appartenait aux dames et aux élèves de la maison de Saint-Denis. On n'a pas tenu compte de mes observations ; des propos déplacés ont même été tenus à cette occasion. D'après les assurances qui m'avaient été données, j'ai montré une cachette qui m'était particulière, dans laquelle étaient renfermés de l'argenterie et quelques bijoux. Ces objets, contenus dans une boîte, ont été retirés par moi en présence de l'officier qui avait présidé à l'ouverture de la première cachette. La boîte a été mise sous scellés et renfermée dans une armoire. Ces faits se passaient le samedi.

Le dimanche 23 avril, le même officier me demanda vers onze heures pour me faire la restitution de la boîte, laquelle fut ouverte en présence du général Eudes, qui en vérifia le contenu ; le tout me fut remis. Au même moment, l'officier présent dit, en s'adressant au général, qu'il allait, en ma présence, procéder à l'inventaire de l'argenterie et du linge ; aussitôt le général Eudes, s'adressant à moi, ajouta : « Je vous avertis que je fais continuer les recherches ; si l'on trouve quelque chose, je vous rappelle qu'il y va pour vous du conseil de guerre. » — J'ai répondu que je ne connaissais rien de plus. Aussitôt rentré chez moi, ne voulant pas livrer les deux autres cachettes que je connais, et dont l'une est ma propriété et l'autre est celle de particuliers, j'ai pris une bouteille vide, comme pour aller chez le marchand de vins ; on m'a laissé passer. J'en ai

profité pour m'évader ; j'ai réussi à gagner Lieu-
saint le même jour. Lundi j'ai pu arriver à Corbeil,
d'où j'ai pu me rendre à Versailles aujourd'hui
mardi 25 avril 1871, pour faire la présente déclaration, laquelle a été écrite sous ma dictée, et que
je déclare de tous points conforme à la vérité.

*(Suivent les signatures.)*

---

## 2

*Suite de la déclaration faite par le Conservateur*
*du mobilier.*

Le général Eudes, dès son arrivée, a fait occuper
toutes les parties du palais ; des factionnaires ont
été placés à chaque porte, avec ordre de ne laisser
sortir personne ; d'autres ont été disposés à l'intérieur comme il suit : un dans la grande galerie dorée,
un à la porte des bureaux, un à la porte du secrétaire général, un à la porte du conservateur du mobilier ; un planton a été installé dans le salon du
secrétaire général, où j'ai fait apporter deux matelas

pour le coucher ; un officier a passé la nuit dans le lit du général. La circulation dans le palais m'étant interdite, je n'ai pu me rendre de tout cela qu'un compte imparfait. Lorsque le général Eudes m'a interrogé pour la première fois, il se tenait dans le salon carré à colonnes faisant suite au vestibule ; la seconde fois il occupait le salon d'attente attenant à l'ancien cabinet du secrétaire général. L'officier Bouilli a fait ouvrir les armoires et placards contenant la vaisselle, la verrerie, la coutellerie, et, sans rien demander, a fait disposer de tout pour leur service personnel. Les gardes nationaux ayant trouvé, dans leurs recherches, plusieurs bustes en plâtre, et un, en marbre, représentant l'empereur Napoléon Ier, il les ont tous brisés. Dès leur arrivée, ils ont tué mes poules, au nombre de quatre, plus trois lapins ; ils ont fait venir plusieurs pièces de vin, du foin et de l'avoine pour leurs chevaux, du charbon de bois pour la cuisine et des vivres. Officiers et gardes mangeaient dans le salon carré, dans lequel on avait dressé une table à allonges. Le général Eudes mangeait, je crois, avec eux, mais je ne puis l'affirmer ; d'autres prenaient leurs repas dans l'office, près de la cuisine. Tous se tutoyaient. Ils menaient large vie, buvant plus que de raison, mais sans aller toutefois jusqu'à l'ivresse complète. Officiers et gardes couchaient dans l'intérieur du palais, à l'exception de ceux qui étaient chargés de la garde de six chevaux qui avaient été amenés. Je me souviens que l'officier Hugo m'a dit, lorsque je lui ai répondu que j'ignorais s'il y avait de l'argenterie : « Si c'était pour Badinguet, il la trouverait bien ; il « faudra qu'il la trouve pour nous. » Je reconnais n'avoir été l'objet d'aucune violence, mais avoir seulement subi une pression morale très-prolongée. Dans le garde-meuble, j'ai montré au lieutenant Bouilli une panoplie démontée et empaquetée ; il m'a répondu que ce n'était que de la ferraille et qu'il n'en avait que faire.

J'ai remarqué beaucoup d'officiers étrangers, quoiqu'ils aient tous le costume de la garde nationale, mais avec quelques différences de fantaisie.— Un officier que je suppose, d'après son accent, d'origine italienne, est resté à poste fixe dans le palais. Hamel, le concierge a cru reconnaître parmi les officiers en visite un Polonais et un Allemand.— Le lampiste de la Légion d'honneur porte les lampes ; un homme de peine a été renvoyé le premier jour, et, comme il insistait, il a été conduit au poste de la cour des comptes et relâché peu de temps après.

Un factionnaire était également dans les caves, à

la porte de celle affectée au grand chancelier. Le concierge Hamel pourra un jour désigner les noms des personnes qui occupent le palais de la Légion d'honneur, parce qu'il reçoit leurs lettres et qu'il dirige les personnes qui viennent les demander. J'ai pu m'échapper en évitant la surveillance, parce que la grille était ouverte pour livrer passage à une voiture dans laquelle j'ai aperçu une jeune femme.

*(Suivent les signatures.)*

# APPENDICES

# APPENDICES

---

## APPENDICE I.

*Liste des grands chanceliers de la Légion d'honneur depuis l'établissement de l'ordre (1).*

Comte de Lacépède. .  3 fructidor an XI (1803).

Baron de Pradt. . . .  7 avril 1814.

Vicomte de Bruges. . .  13 février 1815.

Comte de Lacépède (une
    seconde fois) . . . .  1er avril 1815.

Maréchal Macdonald. .  2 juillet 1815.

(1) Les secrétaires généraux ont été MM. les généraux vicomte de Saint-Mars, Maizière, Eynard et de Vaudrimey-Davout, ce dernier actuellement en exercice.

Maréchal Mortier. . . .  11 septembre 1831.

Maréchal Gérard. . . .  4 février 1836.

Maréchal Oudinot. . .  17 mars 1839.

Maréchal Gérard ( une
   seconde fois). . . .  22 octobre 1842.

Général Subervie. . . .  19 mars 1848.

Maréchal Molitor. . . .  23 décembre 1848.

Maréchal Exelmans . .  15 août 1849.

Général comte d'Orna-
   no (1). . . . . . . . .  13 août 1852.

Général Lebrun, duc de
   Plaisance. . . . . .  26 mars 1853.

Maréchal Pélissier, duc
   de Malakoff. . . .  23 juillet 1859.

Amiral Hamelin . . . .  24 novembre 1861.

Général comte de Fla-
   haut. . . . . . . . . .  27 janvier 1864.

Général Vinoy. . . . .  mai 1871.

(1) Devenu depuis maréchal de France, comme gouverneur
des Invalides.

## APPENDICE II.

### *Traitements de la Légion d'honneur.*

L'effectif au 1er janvier se répartissait ainsi par grades avec la quotité de traitements afférents à chaque grade :

```
    32  Grand croix recevant. .   3,000 f. . .     96,000 f.
   186  Grands offic. recevant   2,000 f. . .     372,000
   976  Commandeurs recevant    1,000 f. . .     976,000
 3,980  Officiers recevant . . .    500 f. . .   1,990,000
   640  Chevaliers recevant . .    350 f. . .     224,000
28,331  Chevaliers recevant . .    250 f. . .   7 082,750
──────                                         ──────────
34,145  titulaires.         En dépense. . .  10,740,750 f.
```

### *Traitement des Médaillés militaires.*

Au 1er janvier, les sous-officiers et soldats ayant droit au traitement de la médaille militaire sont au nombre de 42,350, donnant en dépense une somme de 4,235,000 fr.

## APPENDICE III.

### *Bibliographie.*

On consultera utilement sur la Légion d'honneur les documents suivants :

1° *Légion d'honneur. — Grande chancellerie. — Extraits des sénatus-consultes, lois, statuts, etc.* 1808, in-8°. — Pièce.

2° *Ordre de la Légion d'honneur...,* par Viton de Saint-Allais. Paris, 1811, 2 vol. in-4°.

3° *État général de la Légion d'honneur depuis son origine.* Paris, 1814, 2 vol. in-8°.

4° *Observations sur la séance de la Chambre des députés du 18 juin, par un membre de la Légion d'honneur...* Paris, 1819, in-8°. — Pièce.

5° *La Légion d'honneur en 1819, ou Réflexions sur l'organisation de l'ordre, la situation politique et les opérations de la grande chancellerie.* Paris, 1820, in-8°. — Pièce.

6° *Histoire de la Légion d'honneur*, par M. Saint-Maurice. Paris, 1833, in-8°.

7° *Annales de la Légion d'honneur* (recueil mensuel des ordonnances de nomination, des états de services des membres de l'ordre, etc.), par Guyot de Fère et F. d'Olincourt. Paris, 1840, in-8°.

8° *Fastes de la Légion d'honneur* (biographie de tous les décorés), par MM. Lieryns, Verdot et Bégat. Paris, 1842-1847, 5 vol. in-8°.

9° *Constitution de la Légion d'honneur, contenant la législation de l'ordre, les prérogatives et les devoirs des membres de la Légion*, etc., par A. Dorat. 1846, in-8°.

10° *Manuel du légionnaire*, par de Chamberet. Paris, 1852, in-8°, puis in-12.

11° *Annuaire de la Légion d'honneur*. Paris, 1852, petit in-8°.

12° *Mémoires pour servir à l'histoire de France de 1802 à 1815. La Légion d'honneur, son institution, sa splendeur, ses curiosités*, par Alex. Mazas. Paris, Dentu, 1854, in-8°.

13° *Code des membres de la Légion d'honneur, des*

*décorés des médailles militaire, de Crimée, d'Italie, etc...,* par Tripier, avocat à la cour impériale. Paris, 1859, in-18.

14° *Notice historique sur la création, le but d'institution et les statuts de l'ordre de la Légion d'honneur,* par Ph. Séréville. Moulins, 1860, in-8°. — Pièce.

15° *La Légion d'honneur sous le second Empire,* article publié au journal *l'Événement* du 23 novembre 1865, et signé Georges d'Heilly.

16° *Notice sur les grands chanceliers de la Légion d'honneur,* par A. Regnault. Poligny, 1866, in-8°.

17° *Histoire des ordres de chevalerie et des distinctions honorifiques en France,* par F. F. Steenackers (1). Paris, 1867, 1 vol. grand in-4°.

La partie consacrée, dans cet ouvrage, à la Légion d'honneur, est des plus détaillées.

Elle est suivie d'une notice sur :

1° La médaille militaire,

2° La médaille de Saint-Hélène,

(1) Depuis député au Corps législatif, et devenu, au 4 septembre 1870, directeur général des télégraphes.

3° Les médailles commémoratives des campagnes d'Italie, de Chine et du Mexique.

18° *La Légion d'honneur,* discours prononcé au club de la Porte-Saint-Martin le 27 octobre 1870 (quarante-et-unième jour du siége), par le citoyen Henri Cernuschi. Paris, 1870, petit in-8°.—Pièce.

## APPENDICE IV.

*Réclamation d'objets volés.*

Le baron X..., 81, rue de Grenelle, écrit au grand chancelier :

« J'ai l'honneur de vous informer que j'ai retrouvé et reconnu hier, dans les écuries de la Légion d'honneur, un harnais qui m'a été pris et qui est marqué à mes armes. Ce harnais et beaucoup d'autres objets pillés chez moi ont été portés à la Légion d'honneur par les soi-disant officiers d'état-major du général Eudes... »

## APPENDICE V.

*Lettre adressée à la citoyenne Eudes.*

<table>
<tr><td>DIRECTION<br>des<br>*AMBULANCES*<br>de la<br>RÉPUBLIQUE<br>UNIVERSELLE<br>—<br>*Palais de l'Industrie*</td><td>PALAIS DE L'INDUSTRIE<br>(CHAMPS-ÉLYSÉES)<br>Porte n° IV.<br>———<br><br>*Paris, le*     187</td></tr>
</table>

Citoyenne,

Permettez-moi de vous envoyer deux billets pour le concert de jeudi. Je serais très-heureux de pouvoir vous faire plaisir. Je vous dois tout, je m'en rappellerai toujours.

Salut et fraternité.

*Signé :* ROUSSELLE,

D. M.

*Citoyenne Eudes,*
*au Ministère de la*
*palais de la légion d'honneur.*

## APPENDICE VI

*A propos de la souscription pour la reconstruction
de la Grande Chancellerie.*

Parmi les monuments de Paris, il y en avait trois que la Commune devait détester par-dessus tous les autres : d'abord, les Tuileries, le palais des empereurs et des rois, monument monarchique par excellence, et pour lequel Raoul Rigault et Delescluze ont dû délivrer en première ligne le *bon à flamber ;* ensuite la Préfecture de police, où se trouvaient rassemblés de longue date les innombrables documents destinés à reconstruire de toutes pièces, par-devant les conseils de guerre et la cour d'assises, l'histoire privée et publique des principaux membres de la Commune ; enfin le palais de la Légion d'honneur, palais particulièrement haïssable, parce qu'il blessait ce que M. Courbet a bien voulu appeler le sentiment égalitaire de la démocratie sociale (1).

(1) Nommé chevalier de la Légion d'honneur en 1870, par M. Maurice Richard, ministre des lettres, sciences et beaux-arts, M. Courbet avait refusé la décoration, « comme distinction contraire à ses principes d'égalité républicaine ».

La théorie des communeux sur la croix d'honneur est connue. Elle se trouve tout entière exposée dans une lettre que le peintre d'Ornans adressa l'année dernière au ministre des beaux-arts pour lui signifier qu'on n'eût pas à le décorer. C'est le *Siècle* qui eut la primeur de ce morceau, le *Siècle*, qui jadis… Mais, au fait, pendant sa longue carrière, l'ancien journal de M. Havin avait reçu, de toutes mains, tant et tant de décorations, qu'il pouvait bien, sur ses vieux jours, en être dégoûté. Le *Siecle* inséra donc le manifeste de M. Courbet.

Le manifeste et l'homme qui l'a écrit donnent à eux deux une suprême idée de la chose. Ce n'est pas un sentiment de modestie, un vrai sentiment d'égalité, qui pousse les démagogues à décrier le petit ruban rouge ou toute autre espèce de rubans ; c'est l'orgueil élevé à son paroxysme, c'est l'infatuation du *moi* dans ce qu'il a de plus excessif et de plus insupportable.

Ce peintre qui crachait sur les distinctions honorifiques est l'homme qui eut le plus violemment au monde la maladie de se distinguer. Il se distinguait comme il pouvait, il se distinguait comme « *une courge sonore, vide et poilue* », de son espèce, — le mot est de Dumas fils, — peut se distinguer ; mais enfin c'était sa manie, manie incurable qui se satisfaisait sur tout et à propos de tout, et qui en dernier lieu s'est assouvie sur la colonne Vendôme. Qu'un ministre décorât cet homme, allons donc! Courbet faisait la besogne du ministre mieux que le ministre; il se décorait lui-même tous les jours de sa propre main...

Courbet, avec Vallès, a été l'incarnation dernière de ces orgueilleux de la guenille, de ces superbes du ruisseau. On a vu de l'auteur des *Réfractaires* ce mot typique qui a couru dans les journaux : « Dieu ne me gêne pas trop, disait-il, je le supporte encore; mais pour Jésus-Christ, non : je ne puis pas souffrir les réputations surfaites. » L'un et l'autre personnifiaient bien cette vanité incommensurable qui est le propre de la secte populacière : « La littérature française ne commence qu'à moi, disait l'un : Corneille et Voltaire ne sont que des pleutres. » Et l'autre : « Il n'y a de vrai peintre au monde que moi, Gustave Courbet. Raphaël et le Titien ne sont que des polissons. » Du haut en bas de l'échelle, la Commune était ainsi faite : on ne portait pas d'insigne à la boutonnière; mais sous la tunique ou la vareuse du communeux battait un cœur dévoré d'ambition et d'orgueil, qu'aucune décoration, comme aucun crachat d'or et de diamants, n'eût pu satisfaire.

Il y a longtemps que les orateurs des réunions publiques nous ont fait toucher du doigt cette plaie de la démagogie socialiste. Je me souviens, à ce propos, d'un mot assez plaisant que j'ai lu, il y a sept ou huit mois, dans un compte rendu des Folies-Bergère ou des Folies-Belleville, ou de quelque autre Folie.

Un orateur écarlate était à la tribune et exposait le programme de l'avenir :

« Citoyens, disait-il, la République démocratique et sociale que nous voulons fonder ne comportera ni titres, ni grades, ni distinctions, ni honneurs, ni rien de ce qui distingue le régime oppresseur des aristocrates et des bourgeois... Cependant il y aura un signe auquel on reconnaîtra les vrais patriotes. Je propose d'instituer une médaille honorifique destinée à récompenser les vertus civiques du bon prolétaire. »

Ce réformateur de carrefour était à peu près de la force de je ne sais plus quel condottiere du moyen âge qui, ayant usurpé le pouvoir à Florence, commença par décréter l'abolition de la peine de mort; en vertu de quoi il fit immédiatement pendre le bourreau.

L'incendie du palais de la Légion d'honneur n'a

donc pas été précisément, de la part de la Commune, une manifestation contre la recherche des honneurs et de la gloire. Seulement cette institution les a offusqués, absolument comme Courbet et Vallès étaient choqués d'avoir des prédécesseurs dans la littérature et dans les arts. « Les honneurs ne doivent commencer que par nous ; il n'y a nulle gloire au monde que la nôtre... » Ç'a été une variation d'un nouveau genre sur ce thème éternel des révolutions : *Ote-toi de là, que je m'y mette.*

Une souscription est aujourd'hui ouverte entre tous les légionnaires de France pour relever l'édifice national que la Commune a détruit. Je n'ai pas fait le calcul de ce que peut coûter ce palais, ni du nombre des souscripteurs et de la somme des souscriptions qui viendront en aide à la réalisation de ce projet patriotique ; mais je suis certain que la lettre de change tirée par le gouvernement sur tous les titulaires de la croix d'honneur ne restera pas en souffrance. C'est une des ruines de Paris qui se répareront certainement le plus vite. . . . . . . .

. . . . . . . . . . . . . . . . . . . . .

Le gouvernement de la défense nationale a supprimé la décoration pour les *civils.* Pour un temps où tout le monde endossait l'uniforme et portait le chassepot, la mesure n'était pas trop exclusive et pouvait se justifier jusqu'à un certain point. Il est arrivé, en ce temps-là, que, lorsqu'un *civil* avait fait quelque action méritoire ou rendu d'éminents services, on le décorait comme *militaire* : c'était un moyen de faire de l'équité, sans violer les décrets.

Aujourd'hui qu'un grand nombre de Français ont mis leur sabre au clou et sont rentrés dans l'exercice des fonctions pacifiques, il n'y a plus de raison pour qu'on laisse la Légion d'honneur constituée à l'état de privilége et de monopole pour l'armée. La justice, juste pour tout le monde, ne demande ni que les armes le cèdent à la toge, ni que la toge le cède aux armes ; elle demande que tous les Français qui travaillent dans toutes les situations au bien du pays soient égaux devant la décoration.

Le petit ruban rouge n'est guère républicain, dira-t-on. Mon Dieu ! je le sais bien. Mais, si le petit ruban ne l'est guère, nous, de notre côté, nous le sommes si peu... Et puis, pour un pays de gros budget et de gros déficit comme le nôtre, le petit ruban a un bien grand avantage. Il ne coûte rien au gouvernement qui le donne. C'est un cadeau distingué et délicat qui, le plus souvent, dispense l'État d'une rémunération terriblement onéreuse. Tel qui ne s'en irait pas content sans avoir obtenu une recette particulière ou un fort bureau de tabac accepte un brin de coquelicot à sa boutonnière avec les marques de la plus vive reconnaissance...

..... Mais on dit beaucoup de mal de la décoration. Oui, jusqu'à ce qu'on soit décoré soi-même. Il en est de cela comme du gouvernement. On en dit pis que pendre quand on est dehors; on le trouve charmant, délicieux, adorable, quand on est dedans.

ÉMILE VILLEMOT.

(*Le Gaulois*, 14 juin 1871.)

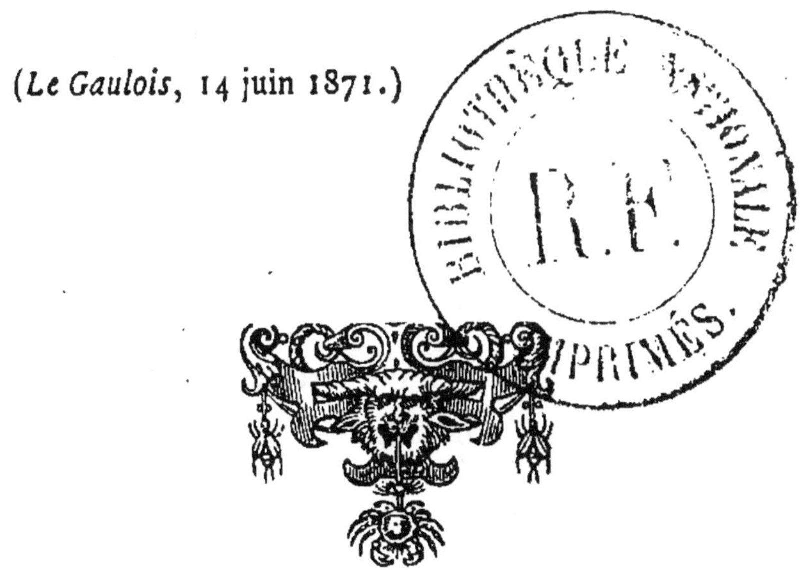

# TABLE



### APPENDICES.

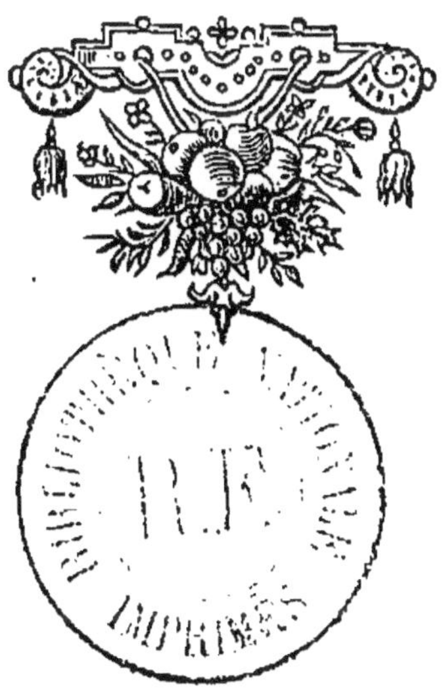

www.ingramcontent.com/pod-product-compliance
Lightning Source LLC
Chambersburg PA
CBHW071342030726
47594CB00002B/722